COMMANDANT WEIL

# MARIE-LOUISE A PARME

EXTRAIT DE LA REVUE DE PARIS DU 1ᵉʳ MAI 1918

PARIS
IMPRIMERIE L. POCHY
52, RUE DU CHATEAU, 52

# MARIE-LOUISE A PARME

On n'a guère fait jusqu'ici — sans doute à cause de la guerre — qu'entr'ouvrir, aux Archives des Affaires étrangères, les volumes contenant la correspondance de 1830 à 1851, dont la communication n'est autorisée que depuis six ans environ. La consultation approfondie de ces documents apportera cependant une précieuse contribution à l'histoire encore incomplète des relations entre le Gouvernement de Juillet et les petits duchés de l'Italie centrale, auxquels le Congrès de Vienne donna près d'un demi-siècle d'une existence précaire, agitée et remplie — à part la Toscane — de troubles, d'émeutes, d'assassinats et de sanglantes répressions. C'est ainsi qu'en parcourant les premiers de ces volumes j'ai trouvé, entre autres, une pièce qu'on aura, je crois, intérêt à connaître. Quoiqu'on se soit beaucoup, et à tous égards, occupé de Marie-Louise, il reste encore bien des choses à dire sur la dernière partie de sa vie et en particulier sur la façon dont elle gouverna son duché. J'ai donc pensé qu'on lirait avec plaisir le rapport qu'adressait au duc de Broglie, alors ministre des Affaires étrangères, le baron de Barante, revenant de Parme, « cette ville du passé, remplie de grandeurs inachevées ou croulantes », où il venait de présenter ses lettres de créance[1] à celle qu'il appelait si spirituellement dans sa lettre à nos beau-frère, le comte d'Houdetot, « cette Majesté, débris d'un autre âge ».

COMMANDANT WEIL

---

1. En sa qualité d'ambassadeur de France près la cour de Sardaigne, le baron de Barante avait été accrédité comme ministre plénipotentiaire et envoyé extraordinaire près S. M. l'archiduchesse Marie-Louise, la légation de Parme ayant été supprimée par raison d'économie.

Turin, 3 octobre 1833[1].

*Le baron de Barante, ambassadeur de France, à S. E. le duc de Broglie, ministre des Affaires étrangères. N° 22 (n° 9).*

Monsieur le Duc,

J'arrive de Parme, où j'ai présenté mes lettres de créance à S. M. l'archiduchesse Marie-Louise. Comme elle allait faire un voyage au camp autrichien, et comme en cette saison Parme est à peu près délaissée par toute cette petite cour, je n'ai pas cru utile d'y prolonger mon séjour.

J'ai été accueilli avec une grande bienveillance par l'archiduchesse, sans pouvoir dire que j'aie remarqué dans sa conversation bonne, simple et facile rien qui se rapportât spécialement à un envoyé de la France. Elle est loin de détourner les souvenirs d'un pays où sa destinée a été si grande et si frappante ; au contraire, on voit qu'elle en parle volontiers, mais c'est sans attacher aucune impression forte et solennelle. Son imagination n'en est pas restée occupée ; son âme n'est pas émue. Il eût été difficile de lui parler de l'empereur Napoléon. Rien dans son palais ne le rappelle. Parmi les tableaux, les dessins, les gravures rapportées de France et qui se trouvent là par hasard, plus que par sentiment, il n'y a pas un buste, pas un portrait de Napoléon. Un buste en marbre de M. de Neipperg y est placé d'une manière presque officielle. Elle s'est entourée davantage des souvenirs de son fils ; mais rien n'indique en elle une douleur profondément sentie[2].

1. Archives des Affaires étrangères. Turin. Volume 302, f° 178-189.
2. Cinq jours avant l'expédition de ce rapport, M. de Barante, fidèle à la promesse faite à d'Houdetot, ajoutait à sa lettre, en date de Parme, le 28 septembre, quelques lignes dans lesquelles il lui faisait part des impressions qu'il rapportait de son audience. Il suffira de comparer ces phrases et les paragraphes correspondants de la dépêche du 3 octobre pour constater la similitude presque complète des idées et même des deux textes :

« Il y a quelques instants, lit-on dans les *Souvenirs* de M. de Barante. (Tome V, page 80), je revoyais cette Marie-Louise, à qui se sont attachées autrefois tant d'espérances et de grandeurs, dont, pour le dire en passant, j'étais peu ébloui. Elle s'est peu doutée du côté épique de sa situation. C'est une bonne femme qui se souvient avec tranquillité d'avoir passé dans sa jeunesse quelques années en France et qui en parle tant qu'on en veut. Il ne m'aurait pas fallu beaucoup plus de familiarité pour la faire parler, même de l'Empereur. C'est toujours

80 L44
1950 b

Elle m'a beaucoup parlé de la famille royale de France, sans affectation, sans nul calcul politique, car ce sont des idées qui ne lui viennent guère et ne l'occupent point. Elle veut depuis longtemps, m'a-t-elle dit, écrire à la reine, sa tante[1]; mais elle ne sait pas arranger ses journées de manière à en trouver le temps. Le nom qui revient le plus souvent dans ses discours, c'est celui de l'Empereur, son père. On voit qu'elle a pour lui une affection véritable et assez vive, et qu'en même temps elle est certaine d'en être bien aimée.

Comme c'est, je crois, la première fois qu'un agent de la France a eu occasion d'examiner un peu ce petit État, je crois devoir reprendre les choses de plus haut.

En 1814, ce fut en général avec satisfaction que les habitants du duché virent leur gouvernement confié à l'archiduchesse. Comme l'administration française ne leur avait pas été fâcheuse, ils espéraient que Marie-Louise changerait peu le régime auquel ils étaient accoutumés. Des députés se rendirent à Paris auprès de l'empereur François et lui exposèrent leurs vœux. Il les accueillit fort bien et se laissa persuader facilement qu'il valait mieux ne pas changer ce qui était.

De la sorte, les formes de l'administration française, l'assiette et le recouvrement des impôts subsistèrent tels qu'auparavant. Une commission soumit les codes à une révision qui y fit quelques changements dont on ne tarda pas à se repentir et qui troublèrent un peu l'ensemble de la législation.

En même temps, l'achiduchesse se montrait bienveillante

---

comme ayant eu à se louer de lui qu'elle en rappelle la mémoire. Du reste, parmi les tableaux rapportés pêle-mêle dans ses bagages et qui se trouvent là par hasard, pas un portrait, pas un buste de Napoléon, mais un marbre de M. de Neipperg. De son fils, au contraire, des portraits de tous les âges : mais autour d'elle, on en cause encore de façon à intéresser. »

Quant au paragraphe suivant, qui termine la lettre à d'Houdetot, je ne le reproduit pas pour la raison qu'on vient de le lire, M. de Barante l'ayant, sans y changer un mot ni même une virgule, inséré dans sa dépêche.

Que diront, après cela, ceux qui, déniant toute valeur aux documents des Archives d'État, affirment que « ces documents ne sont pas et ne peuvent pas être l'expression intégrale de la pensée de leur auteur »? « Ce qu'on trouve dans les Archives d'État, prétendent-ils, c'est l'histoire préparée à l'usage des contemporains ou de la postérité, la matière pour les livres bleus, jaunes ou blancs, le thème pour les dissertations officielles des historiographes patentés. » Je doute fort que tel ait été le but de M. de Barante.

1. La reine Marie-Amélie.

pour les Français restés dans le pays. On conservait en place des percepteurs et autres employés. Avoir servi la France était un titre de faveur aux yeux de l'administration et même de la population.

Cette disposition des Parmesans n'a rien de surprenant.

Le gouvernement des infants don Philippe[1] et don Ferdinand[2] avait, depuis plusieurs générations, donné à cette province des rapports habituels avec la France. Des Français avaient été appelés à différents titres. Chacun sait en France que l'abbé de Condillac et l'abbé Millot[3] furent attachés à l'éducation de l'infant don Louis. Mais à Parme on connaît encore mieux le nom d'un M. Dutillot[4], qui pendant de longues années fut le principal administrateur du duché et y a laissé des souvenirs populaires. D'autres vinrent comme ingénieurs, comme officiers, comme attachés à la cour. Ils furent

1. Don Philippe (1720-1765), infant d'Espagne, fils de Philippe V et d'Élisabeth Farnèse, gendre de Louis XV, devenu en 1748 duc de Parme en vertu du traité d'Aix-la-Chapelle. Ce fut lui qui amena du Tillot dans le duché et en fit son ministre.

2. Don Ferdinand (1751-1802), fils de don Philippe, ne fit guère honneur à Condillac, qui, ayant consenti à se charger de son éducation, passa près de dix ans à Parme.

3. Millot (Claude-François-Xavier, abbé) (1726-1785). Ses travaux historiques lui valurent d'être appelé par du Tillot, devenu le marquis de Felino, à enseigner l'histoire au collège des Nobles à Parme. Revenu en France à la chute de ce ministre (1771), il entra à l'Académie française et devint le précepteur du duc d'Enghien.

4. Tillot (Guillaume-Léon du, marquis de Felino) (1711-1774) débuta dans les bureaux de Versailles grâce à quelque amis de son père, chef de la garde-robe du roi d'Espagne. Son intelligence des affaires et son activité lui valurent les bonnes grâces de Ferdinand VI, qui le donna pour intendant à son frère don Philippe, lorsque celui-ci prit possession du duché de Parme (1749). Il y provoqua d'utiles réformes, combattit les prétentions de la cour de Rome, mais vit jusqu'en 1759 ses projets d'ordre et d'économie traversés par la duchesse Élisabeth, la fille préférée de Louis XV. Ce dernier n'accorda toutefois au duc les sommes dont il avait besoin pour se libérer qu'à la condition de prendre du Tillot pour ministre des Finances. A partir de ce moment, du Tillot put mettre à exécution une partie de son programme (établissement de manufactures, restauration des monuments publics, fondation d'une Académie des Beaux-Arts et d'une École militaire pour les jeunes nobles) et reçut en récompense le titre de marquis de Felino. Après la mort de don Philippe (1765), la puissance de du Tillot s'accrut encore. Il prit en mains la direction de toutes les affaires, songea à fonder au centre de l'Italie un État considérable en négociant en secret le mariage du duc Ferdinand avec l'héritière du duc de Modène, Béatrice d'Este. Mais la cour de Vienne déjoua ce projet, et en 1769 le duc épousa une archiduchesse. Peu de temps après, Ferdinand, oublieux des leçons de Condillac, se

en général bien reçus. D'ailleurs, les Parmesans n'ont aucun esprit national. On les a successivement donnés pour sujets à des dynasties de passage et on ne trouve chez eux aucun vestige de cet amour-propre d'indépendance qui existe en Piémont ou à Milan. Chacun me parlait presque avec satisfaction du temps où le duché de Parme s'appelait le département du Taro. Les principaux administrateurs actuels racontent comme titre d'honneur qu'ils ont été sous-préfets ou conseillers de préfecture. La langue française est plus répandue à Parme que dans les villes du Milanais ou même du Montferrat.

Le Gouvernement de l'archiduchesse fut doux et pour ainsi dire insensible. M. de Neipperg était homme d'esprit et fort aimé, et personne n'était tourmenté. Cependant Parme prit quelque part aux mouvements de 1821. A cette époque, l'esprit des classes supérieures et des officiers était fort exalté dans toute l'Italie. Quelques rigueurs de police et plusieurs exils parurent nécessaires aux intérêts autrichiens.

L'administration était fort régulière quant à la perception. Il y avait peu ou point de contrôle dans les dépenses. M. de Neipperg était mauvais économe. On s'arriérait sans y prendre garde. Après la mort de M. de Neipperg, M. de Werklein [1],

---

plongea dans la débauche, accueillit fort mal les observations de son ministre et le prit en aversion. A partir de ce moment et à l'instigation du duc Ferdinand, on forma contre lui tant d'intrigues que les rois de France et d'Espagne furent obligés de le rappeler en 1771 et nommèrent à sa place l'Espagnol Llano. Après s'être rendu à Madrid, où Charles III lui fit un excellent accueil, il alla s'établir à Paris où « ce grand ministre d'un petit État » mourut au bout de peu de temps, à l'âge de soixante-trois ans.

1. Werklein (Joseph, baron), colonel autrichien, secrétaire particulier de Marie-Louise depuis 1821, fut nommé par elle le 24 février 1829 secrétaire d'État des duchés de Parme, Plaisance et Guastalla et chargé en cette qualité de l'administration de ces pays et de la direction des affaires étrangères. Il occupa ces fonctions jusqu'aux troubles de février 1831 et quitta à ce moment définitivement le duché.

Voici ce qu'en disait, quatre ans auparavant, le baron de Vitrolles, venant en avril 1829 remettre ses lettres de créance à Marie-Louise :

« Le comte de Neipperg, mande-t-il au comte Portalis, n'est point remplacé dans la charge de chevalier d'honneur de Sa Majesté. On ne sait s'il le sera et par qui il pourrait l'être. Le baron de Werklein est chargé du ministère des Affaires étrangères. Né dans une condition fort ordinaire en Transylvanie, il a été employé au service d'Autriche comme officier d'état-major. En 1815, lorsque le sort de l'État de Lucques était encore indécis, il y a été nommé commis.

qui lui succéda, fut aussi mauvais administrateur et en même temps dur et désagréable dans ses relations.

Il y avait un fond de mécontentement, lorsqu'en 1831 éclatèrent dans le voisinage les révolutions de Bologne, de Modène et de Reggio. Rien cependant n'eût été plus facile que de conserver un calme parfait à Parme. Les auteurs du mouvement qui venait d'éclater dans les Légations, avaient peu ou point d'intelligences ou d'adhérents à Parme. Une promenade des gens de Reggio, un rassemblement de quelques turbulents firent perdre la tête au commandant de la petite force armée. M. de Werklein se sentit impopulaire et menacé. On céda, sans se donner la peine de réfléchir, au conseil de la peur.

Il eût été barbare et déraisonnable de prodiguer de sanglantes rigueurs après une prétendue révolution, qui n'avait été qu'un tapage. La réaction n'était point dans le caractère de l'archiduchesse. M. de Marschall [1], chargé de cette intervention, se montra raisonnable et modéré.

---

saire pour le Gouvernement autrichien et il a administré ce pays pendant trois ans jusqu'à l'époque où la remise en a été faite à Son Altesse Royale le duc de Lucques. Son administration n'a été, ni très approuvée des habitants, ni exempte de quelques préjugés défavorables. Quelques années après, il fut appelé par le comte de Neipperg à la place de secrétaire intime du cabinet de Madame l'Archiduchesse. Au premier abord, le baron de Werklein a quelque chose de froid et même d'un peu rude, mais ensuite on trouve en lui un homme de sens rassis, habitué à toutes les affaires et avec une disposition d'obligeance. »(Archives des Affaires étrangères. Parme. 1809-1830. Supplément 5, f° 265-274.)

1. Marschall (Wenceslas-Philippe, baron) (1784-1851), sorti en 1803 de l'Académie du Génie de Vienne comme enseigne, sous-lieutenant en 1805, lieutenant en 1809, promu capitaine la même année, attaché à l'ambassade à Saint-Pétersbourg en 1810, major et attaché au quartier-général de l'armée prussienne à l'automne de 1813, envoyé ensuite auprès du duc de Wellington à Paris, où il resta jusqu'en 1819 ; chargé d'une mission au Brésil, où il demeura plusieurs années et employa à des recherches scientifiques les loisirs que lui laissaient ses fonctions diplomatiques ; lieutenant-colonel en 1820, colonel en 1825, envoyé par François Ier à Parme, il y fut nommé par Marie-Louise le 18 septembre 1831 Grand-Maître de sa maison. Promu général-major en 1832, il conserva jusqu'en 1833 ses fonctions à la cour de Parme et les céda au comte Charles de Bombelles, qui devait devenir le deuxième mari morganatique de l'ex-Impératrice. Envoyé comme ministre aux États-Unis en 1838, promu feld-maréchal lieutenant en 1840, il représenta l'Autriche à la cour de Portugal de 1841 à 1847, époque à laquelle il rentra dans la vie privée.

Des lettres écrites en 1834 par M. de Tallenay, notre chargé d'affaires à Rome pendant une courte absence de notre ambassadeur, le marquis de La Tour Maubourg, contiennent sur Marschall des détails curieux.

(Archives des Affaires étrangères. Rome. Volume 975, f° 105, f° 123 et f° 163.)

Mais en même temps l'Autriche prit ses précautions. Une proclamation de l'archiduchesse signifia qu'elle entendait gouverner dans la plénitude du Gouvernement absolu, sans contrôle ni contradiction. Un directeur général de la Police fut envoyé de Milan et installa dans le duché la méfiance, l'arbitraire et la tracasserie qui sont en usage en Lombardie. Je ferai copier et j'enverrai à Votre Excellence un décret du 21 janvier dernier qui a réglé les attributions de la Direction générale de la Police. C'est une pièce assez curieuse dans sa naïveté d'arbitraire et de tyrannie. Ce pouvoir absolu est confié à un nommé Sartorio [1], qui était commissaire de police à Bergame. Il en a usé sans beaucoup de discernement et j'ai entendu les chefs de l'administration se plaindre de la façon dont il exerça son autorité. Plusieurs Français ont eu à s'en plaindre. C'est là surtout ce dont je me suis occupé. J'en ai parlé comme il convenait aux ministres de l'archiduchesse et j'ai écrit de manière à montrer que nous ne resterons pas indifférents à de tels procédés. Je saurai l'effet de cette démarche.

Le Gouvernement autrichien, informé que l'administration n'avait été ni bonne, ni économe, ne voulut plus laisser subsister ce motif réel de mécontentement. M. de Werklein ne revint pas. On laissa pour secrétaire du cabinet de l'Archiduchesse, chargé des Affaires étrangères, le chevalier de Richer [2], ancien aide de camp de M. de Neipperg, homme vulgaire et subalterne, plutôt fait pour la domesticité que pour la politique. Il passait pour avoir remplacé M. de Neipperg dans les affections de l'archiduchesse [3], mais on ne pouvait essayer d'en faire un homme important, de sorte que les administrateurs

1. Sartorio (Edouard), originaire de la Lombardie, directeur de la police générale du duché par décret de Marie-Louise, du 1er février 1832, avec un traitement de 4 000 lire. Assassiné le 19 janvier 1834. Marie-Louise accorda à sa veuve une pension de 1 500 lire.
2. Richer (Laurent, chevalier), lieutenant de hussards et aide de camp de Neipperg, remplit de 1832 à 1847 d'abord les fonctions de secrétaire de cabinet de Marie-Louise, puis celles de secrétaire d'État.
3. « Si l'on se permettait, écrivait Vitrolles dans son rapport du 11 avril 1829, de préjuger, dans une visite aussi courte que celle que j'ai faite à Parme, un crédit naissant qui peut acquérir plus d'importance, on pourrait le trouver dans la personne d'un aide de camp du comte de Neipperg, le chevalier de Richer, capitaine de hussards au service d'Autriche. Associé à l'attachement et à la

parmesans ont aujourd'hui plus de pouvoir, plus de rapports directs avec leur souveraine et que l'administration est devenue beaucoup meilleure.

Le président des Finances se nomme le comte Mistrali [1]. Il était sous-préfet sous le régime impérial. Il m'a rappelé que nous nous étions vus autrefois à Paris, et nous avons longuement parlé de son administration. Son budget est de 6 millions. Il y a une dette publique de 10 ou 12 millions, qu'on amortit sans intérêts composés pour environ 300 000 francs par an. Elle est un peu trafiquée sur la place. Son taux actuel est de 85 à 90 francs. Il y a des arriérés à solder, des dettes à acquitter. Le comte Mistrali met, à ce qu'il m'a paru, beaucoup de zèle à remplir ses fonctions ; mais il y apporte une régularité un peu rude et a beaucoup d'ennemis. C'est avec lui que j'ai traité tout ce qui concerne l'arriéré des dotations, entre autres l'affaire dont Votre Excellence m'entretenait dans sa lettre du 26 juillet [2].

Les Ponts et Chaussées et les Travaux publics sont aussi compris dans le Département du comte Mistrali. Les routes m'ont paru, en général, bien entretenues. Deux ponts magnifiques, ouvrage d'un ingénieur distingué, resteront de grands monuments de l'administration de Marie-Louise. Ils ont cha-

---

dernière douleur qu'a éprouvée Sa Majesté, il paraît avoir une grande part à son estime. Elle m'en a parlé comme d'un homme qu'il lui serait agréable et très utile d'attacher à ses affaires. Tout fait présumer qu'elle le placera auprès d'Elle comme secrétaire intime de son cabinet, place vacante par la nomination de M. le baron de Werklein. »

1. Mistrali (Vincent, baron), né à Parme le 3 juillet 1780, fils d'un simple ouvrier, arriva à force de volonté et de travail à s'instruire, à se frayer son chemin et à devenir dès 1806 secrétaire général de la commune de Parme. De 1814 à 1821, il remplit les fonctions de gouverneur des duchés de Parme et de Guastalla avec tant de succès qu'en 1830 Marie-Louise l'appela à la présidence des Finances, fonctions qu'il occupa à la satisfaction générale jusqu'à sa mort, survenue le 14 mai 1846. Un seul trait peint bien le caractère de Mistrali. En 1845, au plus fort de l'été, les étudiants de Parme descendirent dans la rue manifester contre les Jésuites. Marie-Louise était absente à ce moment, et le colonel commandant la place fit sortir la troupe et courut chez Mistrali lui demander s'il devait ordonner de faire feu. « A quoi pensez-vous, mon cher? Nous sommes au mois de juin et il fait déjà trop chaud sans feu. Un peu de patience et cette jeunesse se calmera. »

2. Il m'a été impossible de retrouver la lettre à laquelle Barante fait allusion ici. Il n'existe dans les dossiers spéciaux consacrés aux dotations aucune note de 1831 à 1834.

cun vingt-deux arches; l'un est sur le Taro, entre Plaisance et Parme, et l'autre sur la Trebbia, entre Plaisance et Voghera. De tels ouvrages coûteraient en France beaucoup de millions, et ma surprise a été grande d'abord de voir qu'un petit pays ait pu les accomplir. Cela s'explique par le bas prix de la journée de travail qui est d'un franc cinquante pour le maître-maçon, et souvent de moins d'un franc pour les manœuvres. Les matériaux sont aussi beaucoup meilleur marché. Puis le Taro et la Trebbia sont des torrents, presqu'à sec pendant les trois quarts de l'année, ce qui facilite beaucoup les constructions. Bref, ces deux ponts n'ont pas coûté quatre millions. D'autres travaux sont entrepris par l'archiduchesse qui s'occupe avec assez de goût de cette partie de l'administration.

L'industrie particulière est si peu active dans le duché, les capitaux y sont si rares qu'un des désirs du Gouvernement, c'est de faire travailler les ouvriers.

Le président de l'Intérieur, M. Cocchi[1], partage avec le président des Finances toute l'administration de l'État. Il est le surveillant de l'administration communale, le chef du personnel ; il est le supérieur nominal du directeur autrichien de la Police. Il lève une conscription de 250 hommes par an, qui viennent passer cinq ans dans le cadre de l'unique bataillon qui compose la force armée. Les fonctions de ministre de la Justice lui appartiennent. Aussi le Code civil seul a subi des modifications. Le Code pénal et le Code de procédure criminelle sont restés tels que les avaient les départements français au delà des Alpes. Il n'y a pas de jugement par jurés, mais publicité des débats. On n'y a jamais trouvé un inconvénient, et cet exemple pourrait être cité aux gouvernements italiens qui s'épouvantent de la procédure publique.

Entre ces deux départements ministériels, il y a un Conseil d'État, toujours avec imitation de la France. Il est formé de trois sections : la section contentieuse, la section de l'administration, la section des comptes. Le contentieux est la même

1. Cocchi (François), né à Colorno en 1769, fils d'un petit propriétaire, s'adonna à l'étude du droit et devint professeur de droit romain à l'Université de Parme où son savoir lui valut une grande notoriété. Conseiller d'État en 1823, il fut appelé en 1831 à la présidence du Tribunal suprême de révision et deux ans plus tard à la présidence de l'Intérieur, fonctions qu'il occupa jusqu'à sa mort en février 1838.

chose que chez nous. La section du contentieux est un conseil de préfecture, dont les deux autres sections réunies sont le tribunal d'appel. Le Conseil d'État rend des jugements et ses délibérations ne sont pas seulement des avis après lesquels interviennent les ordonnances du souverain.

La section d'administration est consultée sur les règlements et sur l'exécution des lois. J'ai cru voir que les attributions consultatives du Conseil d'État étaient fort restreintes. Les présidents des Finances et de l'Intérieur ont une tendance naturelle à éviter un tel contrôle. Pour qu'un Conseil d'État demeure une garantie du bon ordre et de la régularité, il faut une forte volonté personnelle du souverain. Cette institution, que plusieurs Gouvernements semblent envier à la France, tenait au caractère de l'Empereur Napoléon et à sa capacité. Le Conseil d'État de Parme ne discute même pas le budget. La section des comptes fait fonction de Cour des comptes.

Le président du Conseil d'État a le même rang que les chefs des deux départements ministériels. Cette fonction est remplie par le comte Cornacchia [1], ancien conseiller de préfecture, qui m'a paru un homme sage et éclairé.

De tout ce qui précède, Votre Excellence pourra, je suppose, se former une idée assez favorable de l'administration du duché de Parme, et cependant le pays n'offre pas un aspect de prospérité et de mouvement. Rien qu'à traverser les villes et les villages, rien qu'à courir la poste, on s'aperçoit qu'on a quitté la Lombardie et le Piémont. Ce n'est plus cette activité, cette richesse, ces nombreuses constructions de bâtiments particuliers. Il y a peu de manufactures. Le pays est fertile, mais l'agriculture n'y fait point de progrès. Enfin, la vie manque dans le duché de Parme. Il me semble, sauf examen plus grave d'une matière si grande, que, dans l'état actuel du

---

1. Cornacchia (Ferdinand, baron) (1768-1842), né à Soragna en 1768, docteur en droit à l'âge de vingt et un ans, commença par être l'avocat des pauvres, mais ne tarda pas à occuper divers emplois dans les duchés avant de devenir d'abord gouverneur de Borgo San Donnino, puis de Parme même, en 1814. Directeur général des Finances en 1816, il occupa de 1821 à 1830 la présidence de l'Intérieur, et devint au lendemain des troubles de 1831 président du Conseil d'État.

(Renseignement dû comme les notes sur Cocchi, Mistrali et Sartorio et une partie de celles qui concernent Werklein et Marschall à l'obligeance du chevalier U. Dallari, directeur du R. Archivio di Stato de Modène, et de son collègue de Parme, le chevalier A. Cappelli.)

commerce et de la civilisation, les provinces érigées ainsi en souverainetés indépendantes ne trouvent pas en elles-mêmes les mouvements et les principes d'activité qui se déploient dans un plus vaste pays. Un gouvernement condamné par l'importance de ses attributions à exercer activement l'autorité, une aristocratie riche déterminent sur tous les points du territoire un mouvement progressif et pouvant agir puissamment sur un point donné. Sans prétendre donner à ces considérations trop d'absolu et de généralité, toujours est-il qu'elles trouvent leur application à Parme. J'ai cherché si la situation provisoire de ce duché, possédé en viager seulement par l'archiduchesse, était pour quelque chose dans cette inertie. Il ne m'a pas semblé que personne y pensât. L'ensemble des affaires en Europe, et surtout en Italie, donne l'idée du provisoire, bien plus que la vie d'une princesse de quarante ans. La succession du duc de Lucques reste, comme tant d'autres choses, dans un futur contingent qui n'offre pas beaucoup de certitude aux esprits.

A ce propos, il m'a été dit, durant mon voyage, que l'infant duc de Lucques était revenu dans ses États avec la fantaisie de se montrer plus libéral que les autres souverains italiens et de se créer en Italie une sorte de popularité, qu'il avait laissé entrevoir cette intention par quelques actes, mais que l'Autriche avait aussitôt fait intervenir son *veto*. Ce serait une chose à vérifier. Encore que le duc de Lucques[1] soit un prince sans consistance et sans considération, il serait bon que la France servît d'appui à son indépendance, quand il veut la manifester dans cette direction.

Il me reste à instruire Votre Excellence de ce que j'ai pu apprendre de l'armée autrichienne en Italie.

Je suppose que notre Gouvernement a pris les moyens nécessaires pour se procurer des documents plus positifs sur le nombre des troupes et leur emplacement. Je ne pouvais cher-

---

1. L'infant Charles-Louis-Ferdinand de Bourbon (1799-1883) avait succédé le 13 mars 1824 à sa mère, l'Infante Marie-Louise, fille du roi Charles IV d'Espagne veuve de Louis Ier roi d'Étrurie. Charles-Louis ne tarda pas à devenir la risée de l'Italie. Ses extravagances et ses mœurs dissolues, sa prétendue conversion au protestantisme et son retour à l'Église romaine, lui valurent, de la part de Giusti, le titre de « Don Juan protestant ». Duc de Parme en 1847 à la mort de Marie-Louise, chassé par la révolution le 9 août 1848, il abdiqua le 14 août 1849 en faveur de son fils, Charles III, qui fut assassiné à Parme en 1854.

cher que des informations plus générales qui cependant ont leur utilité.

Il m'a paru évident que les Autrichiens, aux yeux des Italiens et de nous, cherchaient à faire supposer que le nombre de leurs troupes était plus considérable qu'il ne l'est en effet. Ils les font assez souvent voyager et passer d'une province à l'autre. En ce moment, elles se concentraient vers les deux camps du Tessin et du Mincio qui réuniront, je suppose, tout au plus 80 000 hommes, non compris ce qui reste dans les garnisons. J'ai ouï dire que beaucoup de régiments étaient accumulés en Tyrol. Cette province devient de plus en plus comme la place d'armes de la monarchie autrichienne, d'où l'armée pourra se porter avec une égale facilité en Italie et en Allemagne. Ce pays leur offre en outre l'avantage d'une opinion populaire favorable et dévouée jusqu'au fanatisme à la Maison d'Autriche. Cette disposition éclate aux yeux des voyageurs, même les plus frivoles.

L'esprit de l'armée autrichienne en Italie ne paraît nullement guerroyant. En général, les officiers sont une espèce d'hommes calmes et sans opinions. Lorsque les jeunes parlent de la France avec fanfaronnade, les vieux leur racontent les grandes guerres où ils ont combattu et refroidissent leurs espérances. Les états-majors sont plus animés, beaucoup moins pourtant qu'il y a deux ans. Le général Radetzky passe pour un homme d'opinion modérée.

On m'a dit, et cela demanderait à être su plus positivement, que des régiments hongrois étaient devenus moins dévoués que par le passé, qu'il y régnait une sorte de mécontentement. Ce serait à cause d'une mesure prise depuis quelques années. Auparavant, un Hongrois était soldat pour la vie. Lorsqu'il était trop vieux pour continuer à servir, le gouvernement pourvoyait à son entretien. Depuis la paix, cette vétérance est devenue pour le gouvernement autrichien une forte dépense. Afin de se l'épargner, il a réglé que le service du soldat hongrois serait de dix-huit ans[1]. Une telle combinaison, qui laisse le soldat congédié sans ressources, après lui avoir pris toutes les

---

1. En Hongrie, où le recrutement de l'armée était encore régi par les décrets de 1809 qui avaient sur le papier maintenu pour les Hongrois l'obligation du service militaire pour toute la durée de leur vie, la situation avait été modifiée

années de sa force et le renvoie à l'âge où il ne peut plus prendre un état ou des habitudes, aurait, selon ce qui m'a été assuré, occasionné un grand dégoût du service militaire. Maintenant il y a souvent des désertions, tandis qu'auparavant elles étaient presque sans exemple. On m'a raconté que des déserteurs hongrois allaient parfois à Ancône et cherchaient à s'y embarquer. Je suis loin de donner pour certains tous ces détails.

Agréez, Monsieur le Duc, l'assurance de ma plus haute considération.

BARANTE

Moins de quinze jours après l'expédition de cette dépêche, le 17 octobre 1833, le duc de Broglie en accusait réception au baron de Barante et appelait en même temps son attention sur une incorrection, évidemment intentionnelle, commise par la cour de Parme. L'incident en question, assez insignifiant en soi, est pourtant intéressant en ce qu'il fournit une preuve des singuliers procédés qu'à l'exception peut-être du grand-duc de Toscane, les petits princes italiens appartenant aux maisons de Bourbon, de Habsbourg et d'Este se croyaient permis à l'égard du Gouvernement de Juillet.

Monsieur le Baron [1],

J'ai successivement reçu les lettres que vous m'avez fait l'honneur de m'adresser depuis le n° 19 jusqu'au n° 24.

J'ai lu avec beaucoup d'intérêt celle que vous m'avez adressée à votre retour de Parme, et je vous remercie des détails qu'elle contient sur l'administration et sur la situation de ce duché. Le voyage que vous y avez fait et la manière dont vous avez établi nos rapports avec le gouvernement de l'Archiduchesse, auront, j'aime à le croire, une heureuse influence sur les intérêts que nous pouvons avoir à suivre dans cette partie de l'Italie et sur la conduite qu'on y tiendra envers les Français qu'y appelle le soin de leurs affaires.

Je ne terminerai pas ce qui regarde Parme sans faire une observation relative à une question de protocole. En premier lieu, c'est par votre intermédiaire que nous est parvenue la

---

par un décret du 21 décembre 1828, réduisant à quatorze ans la durée de ce service ou plutôt de ces engagements qui ne donnaient plus droit qu'à une prime payée au moment de l'incorporation. (Cf. WREDE, *Geschichte der K. und K. Wehrmacht*, 1, 107.)

1. Archives des Affaires étrangères, Turin. Volume 302, f° 209. Duc de Broglie au baron de Barante, n° 52.

réponse de l'achiduchesse à vos lettres de créance, tandis que, suivant l'usage, cette réponse aurait dû être remise au roi par l'intermédiaire de l'ambassadeur d'Autriche, qui est en même temps chargé d'affaires de Parme à Paris. En deuxième lieu, la copie figurée ne s'est pas trouvée jointe à la lettre de l'Archiduchesse, ce qui est encore opposé à l'usage et aux convenances diplomatiques observées par toutes les cours et par tous les gouvernements. Il suffira sans doute, Monsieur le Baron, que vous en fassiez la remarque au ministère de l'Archiduchesse pour que de semblables irrégularités ne se renouvellent plus...

BROGLIE

En quelques lignes, Barante lui fournit une explication plausible et même ingénieuse. Il put clore ainsi l'incident, en ramenant l'affaire à ses justes proportions, et calmer les susceptibilités fort naturelles de son Gouvernement et de son ministre.

Turin, le 28 octobre 1833[1].

Monsieur le Duc,

J'ai reçu la lettre n° 52 que Votre Excellence m'a fait l'honneur de m'écrire le 17 de ce mois. J'avais remarqué que la réponse de l'Archiduchesse ne m'était pas transmise dans la forme ordinaire ; mais comme elle m'avait été renvoyée ici, j'ai cru ne pas devoir la faire retourner à Parme. Si je m'étais trouvé auprès du chevalier de Richer, j'aurais rectifié cette incorrection commise par ignorance. M. de Richer ne ressemble pas beaucoup à l'idée qu'on peut se faire d'un ministre des Affaires étrangères. Il n'a nulle habitude ni des formes, ni du fond de ses attributions. Au reste, j'avais présenté mes lettres de créance sans en avoir communiqué la copie. Sur le simple billet où je donnais connaissance de mon arrivée à M. de Richer, j'avais reçu avis de me rendre chez l'Archiduchesse.

. . . . . . . . . . . . . . . . . . . . . . . . . . . . . . . . .

BARANTE

---

1. Archives des Affaires étrangères, Turin, Volume 302, f° 220. Baron de Barante au duc de Broglie, n° 27.